Déogratias NTAMBI

# Réconcilier Foi et Fortune

Déogratias NTAMBI

# Réconcilier Foi et Fortune

## Ce que la Bible dit vraiment sur l'Argent

Éditions Croix du Salut

**Imprint**
Any brand names and product names mentioned in this book are subject to trademark, brand or patent protection and are trademarks or registered trademarks of their respective holders. The use of brand names, product names, common names, trade names, product descriptions etc. even without a particular marking in this work is in no way to be construed to mean that such names may be regarded as unrestricted in respect of trademark and brand protection legislation and could thus be used by anyone.

Cover image: www.ingimage.com

Publisher:
Éditions Croix du Salut
is a trademark of
Dodo Books Indian Ocean Ltd. and OmniScriptum S.R.L publishing group

120 High Road, East Finchley, London, N2 9ED, United Kingdom
Str. Armeneasca 28/1, office 1, Chisinau MD-2012, Republic of Moldova, Europe
Managing Directors: Ieva Konstantinova, Victoria Ursu
info@omniscriptum.com

Printed at: see last page
**ISBN: 978-3-8416-1976-1**

# Chers lecteurs,

Il est avec un cœur plein d'enthousiasme que je vous présente ce livre, "**Réconcilier Foi et Fortune : ce que la Bible dit vraiment sur l'Argent**." Dans un monde où l'argent est souvent perçu comme une source de conflit, d'anxiété et de confusion, notre objectif est de vous offrir une perspective renouvelée qui allie la sagesse biblique à la gestion financière moderne.

Ce livre s'adresse à chacun d'entre vous : aux chrétiens pratiquants qui désirent vivre leur foi de manière authentique, aux jeunes adultes et aux familles qui cherchent à établir des bases solides pour leur avenir financier, ainsi qu'aux professionnels et entrepreneurs qui souhaitent intégrer leurs valeurs spirituelles dans leurs pratiques économiques. Quelles que soient vos expériences ou vos défis financiers, ce livre aspire à vous fournir des outils pratiques, des témoignages inspirants et des principes solides pour vous aider à naviguer dans le monde complexe de l'argent avec foi et intégrité.

Au fil des chapitres, vous découvrirez que l'argent n'est pas intrinsèquement mauvais, mais qu'il peut devenir un puissant instrument de service et de bénédiction lorsqu'il est utilisé avec sagesse et discernement. Nous aborderons des thèmes tels que la gestion des finances, l'importance de la générosité, et le rôle de la communauté dans notre parcours financier. Grâce à des versets bibliques éclairants et à des réflexions profondes, nous espérons vous encourager à voir votre relation avec l'argent sous un jour nouveau.

Alors que vous vous engagez dans cette lecture, ouvrez votre cœur et votre esprit à la possibilité d'une réconciliation entre votre foi et vos finances. Que chaque page vous inspire à intégrer les principes du Royaume de Dieu dans toutes vos décisions économiques, vous permettant ainsi de vivre une vie pleine de sens, de paix et de prospérité.

Je vous invite à explorer, à réfléchir et à partager vos propres expériences. Ensemble, faisons de l'argent un outil au service de notre foi et un moyen d'apporter des changements positifs dans notre monde.


Que Dieu vous bénisse dans ce voyage !


Avec gratitude,


**Déogratias Ntambi Kalulo**

# Plan détaillé chapitre par chapitre

## Introduction : L'Argent et la Foi, Un Voyage de Découverte

- **Accroche** : "Et si la richesse pouvait être un outil de votre foi plutôt qu'un obstacle ?"
- **Description** : Présentation du sujet de la réconciliation entre la foi chrétienne et la gestion des finances. Introduction à l'idée que la Bible offre des enseignements précieux sur l'argent.

## Chapitre 1 : La Bible et l'Argent - Une Vision Complète

- **Contenu** : Exploration des principaux versets bibliques sur l'argent, incluant ceux qui mettent en garde contre l'amour de l'argent ainsi que ceux qui valorisent la générosité.
- **Contribution** : Poser une fondation solide sur la manière dont la Bible aborde la richesse, ouvrant la voie à une compréhension équilibrée.

## Chapitre 2 : Principles de Gestion Financière Chrétienne

- **Contenu** : Introduction aux principes de gestion financière basés sur la foi, tels que la dîme, la planification budgétaire, et l'épargne.
- **Contribution** : Offrir des conseils pratiques pour gérer ses finances de manière responsable tout en restant fidèle à ses valeurs chrétiennes.

## Chapitre 3 : Témoignages de Foi et de Finances

- **Contenu** : Partage de plusieurs témoignages de chrétiens qui ont intégré leur foi dans leur gestion financière, incluant des études de cas de réussite.
- **Contribution** : Inspirer et motiver les lecteurs grâce à des exemples concrets, montrant que la gestion financière guidée par la foi peut mener à des résultats positifs.

## Chapitre 4 : L'Argent comme Outil de Service et de Bénédiction

- **Contenu** : Discussion sur le concept de la richesse comme un moyen de servir les autres et d'apporter des bénédictions dans la communauté.
- **Contribution** : Renforcer l'idée que l'argent peut être utilisé pour le bien, et qu'il n'y a pas d'incompatibilité entre la richesse et les valeurs chrétiennes.

## Chapitre 5 : Stratégies Pratiques pour Équilibrer Foi et Finances

- **Contenu** : Conseils pratiques pour établir des budgets, gérer les dettes, et investir avec une perspective chrétienne.
- **Contribution** : Fournir des outils exploitables qui aident les lecteurs à mettre en pratique les enseignements bibliques sur la gestion financière.

## Chapitre 6 : Construire une Vie Équilibrée entre Travail, Foi et Finances

- **Contenu** : Réflexion sur l'importance de l'équilibre entre la vie professionnelle, la vie de famille et la spiritualité.
- **Contribution** : Encourager les lecteurs à adopter une approche holistique, intégrant leur foi dans tous les aspects de leur vie, y compris leurs finances.

# Chapitre 10 : L'Impact Social de la Génération de Richesse

- **10.1. La Richesse comme Outil de Transformation Sociale**
- **10.2. Les Initiatives de RSE dans les Entreprises de Croyants**
- **10.3. Témoignages de Chrétiens Investis dans les Changements Sociaux**

## Conclusion : Un Nouveau Paradigme de Richesse Spirituelle et Matérielle

- **Accroche** : "Votre voyage vers une gestion financière éclairée et fidèle commence maintenant."
- **Description** : Résumé des points clés abordés dans le livre, encouragement à mettre en pratique les enseignements, et invitation à poursuivre la recherche de sens dans la gestion des finances.

# Introduction

**"Et si l'argent, loin d'être un ennemi, était un puissant allié dans votre cheminement spirituel ?"**

Dans un monde contemporain où la richesse est souvent synonyme de cupidité, de convoitise et de compromis moral, il est naturel que beaucoup se sentent tiraillés entre leurs aspirations financières et leurs convictions spirituelles. L'argent, qui devrait être un moyen d'atteindre de grands objectifs et de soutenir des causes justes, est parfois perçu comme un obstacle à la vie de foi. Pourtant, ce livre est ici pour vous rappeler que l'argent peut, en réalité, devenir un puissant allié dans votre parcours spirituel, un outil qui, lorsqu'il est utilisé avec sagesse et discernement, peut enrichir votre vie de manière significative.

**L'objectif de cet ouvrage est clair et ambitieux :** vous informer, vous éduquer et vous inspirer à intégrer les principes bibliques dans votre gestion financière. Que vous soyez un chrétien pratiquant cherchant à approfondir votre compréhension de la richesse, un jeune adulte en quête de sens face aux défis financiers contemporains, une famille désireuse d'instaurer des valeurs solides chez ses enfants, ou un professionnel cherchant à allier foi et fortune, ce livre est conçu pour vous. Il s'adresse à tous ceux qui souhaitent réconcilier leurs convictions intérieures avec leurs décisions économiques, et à ceux qui aspirent à une vie où l'argent est un catalyseur de croissance, de générosité et de service.

Dans les chapitres à venir, nous aborderons des sujets clés tels que la perspective biblique sur l'argent, les principes de gestion financière chrétienne, et nous partagerons des témoignages percutants qui montrent qu'il est tout à fait possible d'être à la fois fidèle à sa foi et prospère financièrement. En fait, il n'y a aucune incompatibilité entre foi et fortune — une vérité que nous explorerons ensemble tout au long de ce voyage.

**Préparez-vous à être inspiré et informé.** Chaque chapitre vous rapprochera un peu plus de la réconciliation entre votre foi et vos finances, vous laissant armé de connaissances et de stratégies pour prendre des décisions éclairées. Je vous inviterai à réfléchir, à prier et à envisager comment les principes bibliques peuvent s'appliquer à votre situation unique. Que vous soyez sur le point de prendre des décisions financières importantes ou que vous cherchiez simplement à mieux gérer ce que Dieu vous a confié, ce livre vous donnera les outils nécessaires pour avancer avec confiance.

**La richesse peut être une bénédiction** — il est temps de découvrir comment l'embrasser avec foi et sagesse. En mettant en pratique les enseignements que vous apprendrez ici, vous pourrez non seulement améliorer votre situation financière, mais aussi enrichir votre vie spirituelle. Vous verrez que chaque dépense, chaque choix, chaque acte de générosité devient une opportunité de glorifier Dieu et de servir les autres.

Ensemble, engageons-nous sur ce chemin de découverte, de croissance et de transformation. Que ce livre soit pour vous une source d'inspiration et un guide précieux pour naviguer avec succès dans le monde des finances tout en restant fermement ancré dans votre foi.

# Chapitre 1 : La Bible et l'Argent - Une Vision Complète

Dans le contexte moderne, l'argent est souvent perçu comme un symbole de réussite, de pouvoir, et parfois même de bonheur. Les médias et la culture populaire nous bombardent avec l'idée que la richesse est la clé du succès et du bien-être. Pourtant, lorsque nous nous tournons vers les Écritures, nous découvrons une perspective bien plus nuancée sur la richesse. La Bible aborde l'argent non seulement comme un outil économique, mais aussi comme un moyen de servir et de glorifier Dieu. Pour les chrétiens, comprendre cette dualité est essentiel pour établir une relation saine avec les ressources financières. En effet, il est crucial de poser une fondation solide sur la manière dont la Bible aborde la richesse afin d'ouvrir la voie à une compréhension équilibrée.

L'un des versets les plus souvent cités sur l'argent est 1 Timothée 6:10, où il est dit : **"Car l'amour de l'argent est la racine de tous les maux."** Ce passage ne condamne pas l'argent lui-même, mais plutôt l'attitude que l'on entretient envers lui. Il nous avertit des dangers de l'avidité et de la cupidité, qui peuvent nous éloigner de nos valeurs spirituelles. Au lieu de cela, la Bible met en avant la générosité comme un principe central. Proverbes 11:25 nous rappelle que **"L'âme bienfaisante sera rassasiée"**, soulignant ainsi que donner et partager sont des actes de foi qui enrichissent à la fois celui qui reçoit et celui qui donne. En effet, comme l'a écrit l'auteur chrétien C.S. Lewis : **"La générosité n'est pas une perte, mais un enrichissement."** Cela nous enseigne que l'argent doit être considéré comme un moyen, et non comme une fin.

En développant une compréhension biblique de la richesse, il est également essentiel d'explorer les histoires des personnages bibliques qui ont fait preuve de sagesse dans la gestion de leurs ressources. Par exemple, l'histoire de Joseph en Égypte montre comment la prévoyance financière peut conduire à la prospérité. En interprétant les rêves du pharaon, Joseph a recommandé de stocker du blé pendant les sept années d'abondance pour se préparer aux sept années de famine. Ce récit nous enseigne l'importance de la planification, de la prudence et de la sagesse dans la gestion des finances, tout en restant ancrés dans la foi.

De plus, la Bible appelle à un équilibre entre la prospérité et la responsabilité. Dans Luc 12:48, il est dit : "**À qui l'on a beaucoup donné, il sera beaucoup demandé.**" Ce verset rappelle que les bénédictions financières s'accompagnent également d'une responsabilité morale. En tant que chrétiens, nous sommes appelés à utiliser nos ressources pour le bien des autres, à soutenir notre communauté et à investir dans des causes qui transcendent nos propres intérêts. Cette approche collective de la richesse contribue à instaurer un système économique où l'argent devient un outil de transformation sociale et d'épanouissement communautaire.

L'écrivain et philosophe chrétien G.K. Chesterton a une fois dit : "**Il est bien de ne pas avoir d'argent ; mais il est encore mieux d'en avoir, à condition de ne pas en devenir un esclave.**" Cette citation souligne la nécessité d'une approche équilibrée face aux ressources financières. Une vision équilibrée de l'argent nous conduit à être des intendants responsables, reconnaissant que ce que nous possédons nous est confié par Dieu pour un but supérieur.

En somme, une vision complète de l'argent dans la Bible nous invite à adopter une approche équilibrée. Ce chapitre vise à poser les bases de cette réflexion en explorant les versets clés qui mettent en lumière à la fois les mises en garde contre l'amour excessif de l'argent et les encouragements à faire preuve de générosité.

Alors que nous avançons dans les chapitres suivants, nous continuerons à découvrir comment ces principes peuvent être appliqués dans notre vie quotidienne, renforçant ainsi notre foi tout en nous aidant à établir des pratiques financières saines et responsables. En intégrant ces enseignements dans notre quotidien, nous pourrons non seulement transformer notre relation avec l'argent, mais aussi contribuer à un monde où les ressources financières sont utilisées pour le bien commun, reflétant ainsi l'amour et la bonté de Dieu.

Ainsi, prenons le temps d'explorer ces vérités bibliques sur l'argent et ouvrons nos cœurs à la sagesse divine. L'argent, lorsqu'il est considéré à travers le prisme de la foi, peut devenir un instrument puissant pour réaliser des œuvres qui glorifient Dieu et nourrissent nos âmes, transformant notre vie et celle de ceux qui nous entourent.

# Chapitre 2 : Principes de Gestion Financière Chrétienne

La gestion financière chrétienne repose sur des fondements solides inspirés des Écritures. Ces principes ne sont pas seulement des règles à suivre, mais des guides qui nous aident à naviguer dans le monde complexe de la finance tout en restant fidèles à nos convictions. Ce chapitre se penche sur des concepts clés tels que la dîme, la planification budgétaire et l'épargne, en offrant des conseils pratiques pour une gestion responsable de nos ressources.

## 2.1. La Dîme : Un Acte de Reconnaissance

L'un des principes fondamentaux de la gestion financière chrétienne est la dîme. Dans Deutéronome 14:22, il est dit : **"Tu prélèveras chaque année le dixième de tout le produit de tes semailles."** La dîme n'est pas seulement un acte de don ; c'est une reconnaissance que tout ce que nous avons vient de Dieu. En consacrant une partie de nos revenus à la dîme, nous affirmons notre confiance en Sa provision et nous nous engageons envers notre communauté.

L'écrivain chrétien Randy Alcorn a déclaré : **"La dîme n'est pas un plafond à atteindre, mais un plan de base à partir duquel nous devrions donner."** Cela souligne que la dîme est le début d'une vie de générosité. En donnant en premier avant de dépenser, nous établissons une discipline financière qui nous rappelle constamment notre dépendance envers Dieu et notre responsabilité envers les autres. Cela nous aide également à garder les choses en perspective, en nous rappelant que l'argent est un outil, pas une fin en soi.

## 2.2. La Planification Budgétaire : Un Outil Essentiel

La planification budgétaire est un autre outil essentiel pour une gestion financière saine. Proverbes 21:5 nous met en garde : **"Les projets de l'homme diligent ne mènent qu'à l'abondance, mais tous ceux qui sont pressés ne font que vivre dans le besoin."** Établir un budget nous permet de prendre le contrôle de nos finances, d'identifier nos priorités et d'allouer nos ressources de manière réfléchie. Lorsque nous établissons un budget, il est important d'inclure des catégories pour la dîme, l'épargne et les dépenses essentielles. Cela nous aide à vivre dans nos moyens et à éviter les dettes inutiles.

Comme l'a souligné l'expert en finances Dave Ramsey : **"Un budget est simplement une liste de vos dépenses priorisées."** Cela signifie qu'un budget efficace ne devrait pas être perçu comme une contrainte, mais plutôt comme un plan qui nous permet de vivre avec intention et de réaliser nos objectifs. En étant proactifs dans notre gestion financière, nous évitons les crises financières et nous nous préparons à la prospérité.

## 2.3. L'Épargne : Préparer l'Avenir

En parallèle, l'épargne est un principe biblique souvent négligé. Jésus lui-même a enseigné des leçons sur la prudence et la prévoyance, comme dans la parabole des serviteurs fidèles (Matthieu 25:14-30). Au lieu de gaspiller nos ressources, nous sommes appelés à les faire fructifier. L'épargne permet non seulement de se préparer à des imprévus, mais aussi de réaliser des projets futurs qui peuvent avoir un impact positif sur notre communauté.

L'auteur et conseiller financier Howard Dayton a écrit :"**Épargner est une manière de préparer l'avenir et de se préparer à saisir les opportunités**." En mettant de côté une partie de nos revenus, nous nous préparons à faire face aux urgences et à saisir les opportunités qui se présentent. L'épargne ne doit pas être considérée comme une simple précaution, mais comme une façon de vivre selon les principes de sagesse et de diligence que la Bible enseigne.

## 2.4. La Générosité : Un Cœur Ouvert

Un autre aspect important de la gestion financière chrétienne est la générosité. 2 Corinthiens 9:7 nous enseigne à donner avec joie : "**Que chacun donne comme il a résolu en son cœur, non avec tristesse ni contrainte, car Dieu aime celui qui donne avec joie**." La générosité ne doit pas être un fardeau, mais plutôt une expression de gratitude envers Dieu pour Ses bénédictions. En intégrant la générosité dans notre budget, nous cultivons une attitude de service et d'abondance, et nous contribuons à des causes importantes qui reflètent nos valeurs chrétiennes.

John Wesley, le fondateur des Méthodistes, a dit : "**Gagnez tout ce que vous pouvez, épargnez tout ce que vous pouvez, et donnez tout ce que vous pouvez**." Cette citation résume parfaitement l'approche chrétienne de la gestion financière. La générosité nous rappelle que la véritable richesse ne se mesure pas seulement en termes monétaires, mais aussi en termes d'impact que nous avons sur la vie des autres. En donnant, nous participons à l'œuvre de Dieu sur terre, et nous vivons une vie alignée avec nos convictions spirituelles.

## 2.5. Conclusion : Une Route Solaire

En somme, les principes de gestion financière chrétienne nous offrent des directives pratiques pour aligner notre gestion des ressources avec notre foi. En intégrant la dîme, la planification budgétaire et l'épargne dans notre quotidien, nous pouvons établir une relation saine avec l'argent tout en honorant Dieu.

Ces principes ne sont pas des fins en soi, mais des moyens de vivre d'une manière qui reflète notre foi et nos valeurs. Au cours des prochains chapitres, nous explorerons davantage comment appliquer ces principes dans des situations concrètes, afin de renforcer notre engagement envers une gestion financière responsable et fidèle.

En adoptant ces enseignements bibliques, nous pouvons transformer notre approche de l'argent et, par conséquent, notre vie. Que nous soyons dans l'abondance ou l'adversité, en suivant ces principes, nous découvrons que notre gestion financière peut également être un acte de foi. Engageons-nous ensemble sur ce chemin vers la sagesse financière, conscient que notre objectif ultime est de glorifier Dieu à travers tout ce que nous faisons, y compris dans la gestion de nos ressources.

# Chapitre 3 : Témoignages de Foi et de Finances

Dans le voyage de la gestion financière, il est souvent inspirant de découvrir des histoires de personnes qui ont réussi à intégrer leur foi dans leur approche des ressources. Ces témoignages illustrent non seulement la puissance de la foi, mais aussi l'impact positif que des décisions financières éclairées peuvent avoir sur la vie personnelle et communautaire. Ce chapitre mettra en lumière plusieurs histoires de chrétiens qui, en faisant confiance à Dieu et en appliquant des principes bibliques, ont transformé leur relation avec l'argent et ont connu des résultats extraordinaires.

## 3.1. Marie : La Résilience d'une Mère Célibataire

Prenons l'exemple de Marie, une jeune mère célibataire qui a dû faire face à des difficultés financières après un divorce. Dans ses moments de désespoir, elle a décidé de se tourner vers Dieu pour obtenir des conseils. Inspirée par des versets tels que Philippiens 4:19, qui dit : **"Et mon Dieu pourvoira à tous vos besoins selon sa richesse, avec gloire, en Jésus-Christ,"** elle a commencé à établir un budget strict, à épargner une petite somme chaque mois et à donner régulièrement à son église.

Cet engagement envers la dîme et l'épargne a non seulement apporté une stabilité financière, mais a également renforcé sa foi. Marie a découvert que, même dans les moments les plus difficiles, la foi et la discipline financière peuvent mener à des résultats étonnants. Son histoire est le témoignage vivant du fait que, comme l'a écrit l'auteur et pasteur Max Lucado : **"Dieu n'a jamais promis de réduire nos problèmes, mais il a**

**promis d'être avec nous à travers eux.**" Grâce à sa détermination et à sa foi, Marie a non seulement réussi à sortir de la dette, mais elle a également pu réaliser son rêve d'acheter une maison. Son parcours est une source d'inspiration pour tous ceux qui cherchent à surmonter les obstacles financiers par la foi.

## 3.2. Pierre : L'Entrepreneur au Grand Cœur

Un autre témoignage inspirant est celui de Pierre, un entrepreneur chrétien qui a fondé une petite entreprise de construction. Depuis le début de son entreprise, Pierre a intégré des principes bibliques dans sa manière de gérer ses finances. Il a choisi de donner une partie de ses bénéfices à des œuvres de charité et à des projets missionnaires, croyant fermement que la générosité est la clé de la bénédiction.

Au fil des ans, son entreprise a prospéré au-delà de ses attentes, et il attribue ce succès à sa volonté de mettre Dieu au centre de ses décisions financières. Pierre représente une illustration parfaite de ce que signifie appliquer Matthieu 6:33 : **"Cherchez d'abord le royaume et la justice de Dieu, et toutes ces choses vous seront données par-dessus."** En plaçant Dieu à l'avant-plan, il a découvert que la prospérité n'est pas seulement mesurée en chiffres, mais en impact. Pierre est un exemple vivant que la foi et l'entrepreneuriat peuvent coexister harmonieusement, et que l'intégration de valeurs spirituelles dans le monde des affaires peut non seulement apporter des profits financiers, mais aussi un impact positif sur la communauté.

## 3.3. Sophie et Thomas : L'Union dans la Gestion Financière

Les témoignages de couples chrétiens peuvent également être très puissants. Sophie et Thomas, mariés depuis cinq ans, ont eu du mal à gérer leurs finances, ce qui a provoqué des tensions dans leur relation. En cherchant des conseils dans leur église et en participant à des ateliers sur la gestion financière chrétienne, ils ont appris à établir un budget commun et à planifier leurs finances ensemble.

Cette démarche a été fondée sur le principe biblique de la transparence et de la responsabilité. En appliquant des versets comme Proverbes 27:17 : **"Comme le fer aiguise le fer, ainsi un homme en aiguise un autre,"** ils ont réussi à sortir de la dette et à épargner pour l'avenir. Leur expérience illustre comment la collaboration et la foi peuvent transformer un aspect souvent délicat du mariage en une opportunité de croissance et de renforcement des liens. En travaillant ensemble, ils ont non seulement résolu leurs problèmes financiers, mais ils ont également renforcé leur union, prouvant que la gestion financière est un voyage qui peut rapprocher les couples.

## 3.4. Églises et Communauté : Le Pouvoir des Initiatives Collectives

Enfin, les témoignages d'églises locales qui ont réussi à mettre en place des programmes d'aide financière dans leur communauté sont également significatifs. Par exemple, une église de la région a lancé un programme pour aider les familles en difficulté à apprendre des compétences de gestion budgétaire. Grâce à des séminaires, des discussions en petits groupes et un soutien pratique, ils ont non seulement aidé les familles à sortir de la pauvreté, mais aussi à établir des relations solides basées sur la foi et la solidarité.

Ces initiatives ne se contentent pas d'apporter une aide matérielle, mais elles construisent également une communauté unie par des valeurs communes. Comme l'a affirmé le pasteur John Piper : **"La mission de l'Église est d'apporter un impact spirituel et social dans sa communauté."** Ce type d'initiative montre que la gestion financière, lorsqu'elle est guidée par des valeurs chrétiennes, peut vraiment transformer des vies et des communautés entières. Ces projets illustrent le fait que la prospérité ne se limite pas à l'individu, mais qu'elle peut également être un moyen de bénédiction collective.

## 3.5. Conclusion : Une Foi Vivante à Travers les Finances

En conclusion, les témoignages de foi et de finances que nous venons d'explorer démontrent que l'intégration de la foi dans la gestion financière est non seulement possible, mais également fructueuse. Ces histoires inspirantes nous rappellent que, quel que soit notre parcours financier, il existe une voie vers la prospérité qui repose sur la confiance en Dieu, l'application de principes bibliques, et un engagement à vivre de manière généreuse et responsable.

Ces récits illustrent parfaitement que la gestion financière n'est pas seulement une tâche pragmatique ; c'est une opportunité de témoigner de notre foi et de faire une différence dans notre monde. Alors que nous continuons notre exploration des principes de gestion financière chrétienne, que ces exemples de réussite nous motivent à croire en la possibilité d'un avenir financier aligné avec nos valeurs spirituelles. Ne sous-estimez jamais le pouvoir de votre histoire — elle pourrait être la lumière qui guide quelqu'un d'autre sur son chemin vers la prospérité et la foi.

# Chapitre 4 : L'Argent comme Outil de Service et de Bénédiction

L'argent est souvent perçu avec méfiance, tantôt comme un moyen de corruption, tantôt comme une source de conflits. Pourtant, lorsque nous nous tournons vers les enseignements bibliques, nous découvrons une perspective radicalement différente. Dans la vision chrétienne, l'argent n'est pas une fin en soi, mais un outil puissant qui peut être utilisé pour servir autrui et apporter des bénédictions au sein de notre communauté. Ce chapitre explore comment la richesse, lorsqu'elle est gérée avec sagesse et générosité, peut enrichir non seulement nos vies, mais aussi celles des autres autour de nous.

## 4.1. Une Perspective Biblique sur la Richesse

Le concept de richesse comme un moyen de service est profondément ancré dans les Écritures. Dans 2 Corinthiens 9:8, il est écrit : "**Et Dieu peut faire abonder en vous toute grâce, afin qu'ayant toujours de toutes choses en toutes circonstances, vous ayez en abondance pour toute bonne œuvre.**" Ce verset souligne que l'abondance que Dieu nous accorde n'est pas destinée uniquement à notre propre profit, mais plutôt pour nous permettre d'être des instruments de Sa bonté dans le monde. En tant que chrétiens, nous sommes appelés à utiliser nos ressources pour répondre aux besoins des autres, qu'il s'agisse d'un don à une œuvre caritative, d'un soutien à un ami dans le besoin, ou encore de la mise en place de programmes qui aident les plus démunis.

L'auteur et pasteur John Ortberg a dit : "**La générosité est le fruit d'une vie bien vécue.**"
Cette citation nous rappelle que notre générosité ne devrait pas être une obligation, mais
une expression naturelle de notre gratitude envers Dieu. En reconnaissant que tout ce que
nous avons vient de Lui, nous pouvons transformer notre rapport à l'argent et l'utiliser
comme un moyen pour faire le bien.

## 4.2. L'Exemple de la Veuve de Sarepta

Un exemple puissant de cette vérité se trouve dans l'histoire de la veuve de Sarepta,
mentionnée dans 1 Rois 17. Lorsqu'Élie lui demande de lui préparer d'abord un gâteau
avec le peu de farine et d'huile qu'il lui reste, elle se retrouve face à un choix difficile.
Pourtant, en obéissant et en partageant ce qu'elle avait, elle découvre que sa provision ne
tarit jamais. Cet acte de foi et de générosité lui a non seulement assuré sa survie, mais a
également permis à Élie de continuer son ministère.

Cette histoire est une illustration frappante de la manière dont, en offrant ce que nous
avons, même en quantité limitée, nous pouvons être des canaux de bénédictions divines.
Comme l'a noté l'écrivain et conférencier chrétien Tony Evans : "**Dieu n'est pas limité
par nos ressources, mais par notre volonté de lui faire confiance.**" En partageant, la
veuve a expérimenté l'abondance divine, reliant ainsi sa générosité à la provision de Dieu.

## 4.3. La Richesse Comme Outil de Transformation Sociale

En renforçant l'idée que l'argent peut être utilisé pour le bien, il est essentiel de reconnaître que la gestion des ressources financières ne doit pas être motivée par la peur ou l'avidité. Au contraire, la Bible nous appelle à une vision de la richesse qui valorise la confiance, l'intégrité et la générosité. Dans Matthieu 6:21, Jésus déclare : **"Car là où est ton trésor, là aussi sera ton cœur.**" Cette vérité nous invite à examiner nos priorités et à réfléchir à la manière dont nous investissons notre temps, notre argent et nos talents.

Lorsque nous choisissons de placer notre trésor dans les œuvres de Dieu, notre cœur se tourne naturellement vers les besoins des autres. L'écrivain et théologien Tim Chester a affirmé : **"La générosité est l'expression de la grâce de Dieu dans notre vie.**" En cultivant une attitude de générosité, nous permettons à cette grâce de s'écouler à travers nous et d'impacter notre communauté.

## 4.4. Des Exemples Contemporains de Générosité

Les exemples contemporains de chrétiens qui utilisent leur richesse pour servir sont également nombreux et inspirants. Prenons le cas de grandes entreprises qui mettent en place des programmes de responsabilité sociale, investissant non seulement dans leur croissance économique, mais aussi dans le bien-être de leur communauté. Des initiatives telles que la création de fondations pour soutenir l'éducation, la santé ou l'environnement montrent que l'argent peut être un levier puissant pour provoquer des changements positifs.

Des entreprises comme **TOMS Shoes**, qui donne une paire de chaussures à un enfant dans le besoin pour chaque paire vendue, illustrent comment l'intégration de la générosité dans leur modèle d'affaires témoigne que prospérité et valeurs chrétiennes ne sont pas opposées, mais peuvent au contraire se renforcer mutuellement. Ces entreprises montrent que l'argent utilisé avec intention peut créer un impact social durable.

## 4.5. Les Petites Actions au Quotidien

De plus, les petites actions de générosité quotidiennes, comme partager un repas avec un voisin dans le besoin ou soutenir une collecte de fonds pour une cause locale, témoignent de la manière dont chacun de nous peut faire une différence, peu importe nos moyens financiers. En cultivant une mentalité de service et d'abondance, nous nous élevons mutuellement et contribuons à la construction d'une société plus juste et compassionnelle.

Comme l'a dit l'auteur chrétien **Henri Nouwen** : "**La véritable générosité est de donner sans se souvenir et de recevoir sans oublier.**" Ces gestes, bien que simples, peuvent avoir un impact profond sur la vie des autres et contribuer à un environnement où la communauté se sent soutenue et valorisée.

## 4.6. Conclusion : L'Argent comme Un Outil de Transformation

En conclusion, l'argent, loin d'être une simple commodité, est un outil puissant pour servir et apporter des bénédictions. En adoptant une perspective chrétienne sur la richesse, nous comprenons que nos ressources peuvent être mises au service de Dieu et des autres.

Il n'y a pas d'incompatibilité entre la richesse et les valeurs chrétiennes ; au contraire, lorsque nous plaçons notre confiance en Dieu et que nous choisissons de gérer nos finances avec foi et générosité, nous devenons des agents de changement dans le monde. Comme l'a souligné l'écrivain et pasteur Rick Warren : "**Nous sommes appelés à être des bons intendants de tout ce que Dieu nous a donné**." Alors que nous continuons notre exploration des principes de gestion financière, rappelons-nous que chaque centime investi dans le bien, chaque acte de générosité, est une semence plantée pour un avenir plein de promesses.

En fin de compte, l'argent peut devenir un puissant outil de service, un moyen de manifester notre foi et notre engagement envers les autres. En l'utilisant pour enrichir nos vies et celles des autres, nous vivons pleinement l'appel de Dieu à aimer et à servir notre prochain, construisant ainsi un monde où l'amour et la compassion dominent.

# Chapitre 5 : Stratégies Pratiques pour Équilibrer Foi et Finances

Lorsque nous cherchons à réconcilier notre foi et nos finances, il est essentiel d'avoir des stratégies pratiques à notre disposition. Une gestion financière équilibrée ne se limite pas à des concepts théoriques ; elle nécessite des outils concrets qui nous permettent d'appliquer les principes bibliques dans notre vie quotidienne. Ce chapitre vous propose des conseils pratiques pour établir des budgets, gérer les dettes et investir avec une perspective chrétienne, afin de vous aider à mettre en pratique les enseignements bibliques sur la gestion financière.

## 5.1. Établir un Budget : La Première Étape vers la Maîtrise de ses Finances

La création d'un budget est l'une des étapes les plus fondamentales et les plus puissantes pour une gestion financière réussie. En effet, un bon budget vous aide à visualiser vos revenus et vos dépenses, à identifier où va votre argent et à établir des priorités financières. Pour établir un budget efficace, commencez par lister toutes vos sources de revenus, y compris votre salaire, les revenus passifs et tout autre gain. Ensuite, dressez une liste de vos dépenses fixes (loyer, factures, assurances) et variables (alimentation, loisirs, vêtements).

Une fois que vous avez une vue d'ensemble de vos finances, intégrez des catégories pour la dîme et l'épargne. En consacrant d'abord une partie de vos revenus à la dîme, vous placez Dieu au centre de vos finances. Proverbes 3:9-10 nous enseigne : **"Honore l'Éternel avec tes biens et avec les prémices de tous tes revenus ; alors tes greniers seront remplis d'abondance, et tes cuves débordantes de vin nouveau."** Ce principe des premières choses nous rappelle l'importance de remettre à Dieu ce qui Lui revient.

L'auteur et conférencier Dave Ramsey souligne également l'importance de la budgétisation en déclarant : **"Un budget est simplement une liste de vos priorités."** En d'autres termes, établir un budget nous aide non seulement à gérer nos finances, mais aussi à aligner nos dépenses sur nos valeurs et nos priorités spirituelles.

## 5.2. Gérer les Dettes : Une Approche Biblique

La gestion des dettes constitue un autre aspect crucial de l'équilibre entre foi et finances. La Bible donne de nombreux conseils sur la manière d'aborder les dettes avec sagesse. Dans Proverbes 22:7, nous lisons : **"Le riche domine sur les pauvres, et celui qui emprunte est esclave de celui qui prête."** Cette vérité souligne l'importance de ne pas laisser les dettes prendre le contrôle de notre vie financière.

Pour gérer efficacement vos dettes, commencez par dresser une liste de toutes vos dettes, en notant le montant dû, le taux d'intérêt et la date d'échéance. Une stratégie efficace pour rembourser les dettes est la méthode "avalanche" ou la méthode "boule de neige". La méthode avalanche consiste à rembourser d'abord les dettes avec les taux d'intérêt les plus élevés, tandis que la méthode boule de neige consiste à s'attaquer d'abord aux petites dettes pour créer un élan psychologique. Quelle que soit la méthode choisie, l'important est de rester discipliné et de ne pas accumuler de nouvelles dettes.

En priant pour la sagesse et en cherchant des conseils auprès de votre communauté de foi, vous pouvez trouver des solutions pour alléger votre fardeau financier. Comme l'a dit l'auteur et enseignant chrétien **Larry Burkett** : **"La gestion des finances commence par la gestion de soi."** Cette citation nous rappelle que la discipline personnelle est essentielle pour surmonter les défis liés à la dette.

## 5.3. Investir avec une Perspective Chrétienne : Une Gestion Résolue et Responsable

Investir peut sembler intimidant, mais c'est une composante essentielle d'une gestion financière saine et proactive. En tant que chrétiens, nous devons aborder l'investissement avec équité et prudence. Matthieu 25:14-30, dans la parabole des talents, enseigne que nous sommes appelés à utiliser nos ressources de manière sage et productive. Cela signifie qu'il est important d'éduquer nos enfants et nous-mêmes sur les options d'investissement, qu'il s'agisse d'actions, d'obligations, de fonds communs de placement ou même d'investissements dans des entreprises locales.

Avant d'investir, il est crucial de prier et de chercher la direction de Dieu. Discutez avec des conseillers financiers qui partagent vos valeurs chrétiennes et examinez les entreprises dans lesquelles vous envisagez d'investir. Recherchez celles qui ont un impact social positif et qui respectent des pratiques éthiques. En investissant de manière responsable, vous pouvez non seulement faire croître votre patrimoine, mais aussi contribuer à des causes qui reflètent vos valeurs et portent du fruit pour le Royaume de Dieu.

L'auteur et investisseur chrétien John Wesley a dit : "**Gagnez tout ce que vous pouvez, épargnez tout ce que vous pouvez et donnez tout ce que vous pouvez**." Cette citation illustre l'idée que l'investissement n'est pas seulement une question de gains personnels, mais aussi une façon de contribuer au bien commun.

## 5.4. Outils Exploitables pour Mettre en Pratique vos Connaissances

Pour vous aider à mettre en pratique ces stratégies, envisagez d'utiliser des outils comme des applications de gestion financière qui vous permettront de suivre vos dépenses, de créer des budgets et de fixer des objectifs financiers. Des plateformes comme **Mint ou YNAB (You Need A Budget)** offrent des fonctionnalités qui facilitent la gestion quotidienne de vos finances.

De plus, participez à des groupes de soutien ou à des ateliers sur la gestion financière dans votre église ou votre communauté pour partager des expériences et des conseils pratiques. Ces interactions peuvent vous fournir des idées et des encouragements, tout en créant un réseau de soutien autour de vous.

Enfin, n'oubliez pas que la gestion financière est un voyage, pas une destination. Soyez patient avec vous-même et reconnaissez que des erreurs peuvent survenir. L'essentiel est de continuer à apprendre, à ajuster vos stratégies et à demeurer fidèle à vos principes. Comme l'a dit l'auteur et conférencier Christian Siméon : "**Apprendre à gérer ses finances, c'est apprendre à gérer sa vie.**" En gardant votre foi au centre de vos décisions financières, vous serez mieux équipé pour naviguer dans les défis financiers et pour honorer Dieu à travers la gestion de vos ressources.

## 5.5. Conclusion : Vivre en Accord avec ses Valeurs

En résumé, établir un budget, gérer les dettes et investir avec sagesse sont des stratégies fondamentales pour équilibrer votre foi et vos finances. Ces principes pratiques, lorsqu'ils sont appliqués avec diligence et prière, peuvent transformer votre approche de l'argent et vous aider à vivre une vie financière épanouissante et alignée avec vos valeurs spirituelles.

Souvenez-vous que la gestion financière ne se limite pas à des chiffres ; c'est une expression de votre cœur et de votre foi. En intégrant ces stratégies dans votre vie quotidienne, vous pourrez non seulement améliorer votre situation financière, mais également glorifier Dieu à travers vos décisions économiques. L'argent, lorsqu'il est utilisé avec sagesse et générosité, devient un puissant outil pour enrichir votre vie et celle des autres, témoignant ainsi de l'amour et de la bonté de Dieu dans le monde.

# Chapitre 6 : Construire une Vie Équilibrée entre Travail, Foi et Finances

Dans notre monde moderne, où les exigences professionnelles semblent souvent écrasantes, il est crucial de trouver un équilibre entre notre vie professionnelle, notre vie de famille et notre spiritualité. En tant que chrétiens, nous sommes appelés à vivre une vie intégrée, où notre foi influence tous les aspects de notre existence, y compris la façon dont nous gérons notre temps, nos relations et nos finances. Ce chapitre explore l'importance de cet équilibre et propose des réflexions sur la manière de construire une vie harmonieuse, centrée sur des valeurs chrétiennes.

## 6.1. L'Importance de l'Équilibre : Une Perspective Biblique

La Bible nous offre de nombreux enseignements sur l'équilibre. Dans Ecclésiaste 3:1, il est écrit : **"Il y a un temps pour tout, un temps pour chaque chose sous le ciel."** Ce verset nous rappelle que chaque aspect de notre vie a sa place et son importance. Dans notre quête de succès professionnel et de sécurité financière, il est essentiel de ne pas négliger les autres dimensions de notre vie. Une carrière épanouissante peut être précieuse, mais elle ne doit pas se faire au détriment de notre relation avec Dieu, de notre famille ou de notre santé personnelle.

En intégrant la compréhension que notre temps est limité, nous pouvons mieux prioriser ce qui compte réellement. Comme le théologien et auteur **Timothy Keller** l'a dit : **"Ce que vous faites avec votre temps et votre argent révèle ce que vous valorisez."** Cette vérité nous pousse à examiner nos choix et à aligner nos priorités avec nos valeurs chrétiennes.

## 6.2. Adopter une Approche Holistique : Intégrer la Foi dans Chaque Domaine

Adopter une approche holistique signifie que nous devons permettre à notre foi d'influencer nos décisions quotidiennes, y compris celles relatives à nos finances et à notre travail. Cela commence par la prière et la méditation sur la Parole de Dieu, qui nous fournissent la sagesse et la direction pour naviguer dans les défis de la vie. En faisant de Dieu notre priorité, nous sommes mieux équipés pour faire face aux pressions du monde professionnel sans compromettre nos valeurs chrétiennes.

Lorsque nous sommes confrontés à des choix éthiques au travail, nous pouvons nous rappeler que notre identité première se trouve en Christ et que nous avons la responsabilité de refléter Ses valeurs dans nos interactions. L'auteur et conférencier chrétien **Os Guinness** a déclaré : "**Nous ne pouvons pas nous permettre d'être des chrétiens à temps partiel.**" Cette affirmation souligne la nécessité d'intégrer notre foi dans chaque aspect de notre vie, y compris notre carrière et nos finances.

La gestion des finances est également un domaine où la foi doit jouer un rôle central. En tant que chrétiens, nous sommes appelés à être de bons intendants des ressources que Dieu nous a confiées. Cela implique non seulement de gérer nos dépenses et d'épargner, mais aussi d'utiliser notre argent pour servir les autres et faire avancer le Royaume de Dieu. En intégrant des pratiques de générosité et de dîme dans notre budget, nous témoignons que notre confiance réside en Dieu, plutôt qu'en nos propres capacités financières.

## 6.3. L'Impact de la Famille : Un Soutien Précieux dans Notre Cheminement

Notre vie de famille est un autre pilier fondamental de notre équilibre. La famille est souvent le premier endroit où nous apprenons à vivre notre foi. Dans Deutéronome 6:6-7, il est dit : **"Ces commandements que je te donne aujourd'hui seront dans ton cœur. Tu les inculqueras à tes enfants, et tu en parleras quand tu resteras dans ta maison."** En passant du temps de qualité avec nos proches et en partageant nos valeurs et nos expériences de foi, nous construisons des fondations solides pour la prochaine génération.

L'équilibre entre travail, famille et foi ne se limite pas à une simple gestion du temps. Il nécessite une intentionnalité et une volonté de rechercher activement des moyens d'harmoniser ces domaines. Par exemple, envisagez d'établir des rituels familiaux qui intègrent la prière et la réflexion sur la Parole de Dieu, même dans les moments de repas. Cela peut également inclure des discussions ouvertes sur les valeurs chrétiennes qui guident vos décisions financières et professionnelles, renforçant ainsi un sens commun d'objectif et de direction.

Les psychologues et chercheurs dans le domaine de la famille, comme le **Dr. John Gottman,** soulignent l'importance de la communication ouverte dans le renforcement des liens familiaux. En intégrant des conversations sur notre foi et nos finances, nous cultivons une atmosphère de confiance et de soutien mutuel, essentielle dans la gestion des défis.

## 6.4. Cultiver une Vie de Service : Le Travail comme un Acte de Foi

Enfin, il est essentiel de voir notre travail comme un acte de service. Colossiens 3:23 nous exhorte : **"Tout ce que vous faites, faites-le de tout votre cœur, comme pour le Seigneur et non pour des hommes."** En adoptant cette perspective, nous transformons nos activités professionnelles en une expression de notre foi. Cela signifie que même dans les tâches les plus ordinaires, nous pouvons rechercher l'excellence et l'intégrité, en témoignant de l'amour de Dieu à travers notre travail.

Cela nous incite également à nous engager dans des activités qui profitent à notre communauté. Que ce soit en offrant des services pro bono, en mentorant d'autres ou en soutenant des œuvres locales, notre travail peut être un moyen puissant de servir autrui. L'entrepreneur et auteur **Simon Sinek** a dit : **"Les gens ne se souviennent pas de ce que vous avez dit, ni de ce que vous avez fait, mais ils se souviennent de ce que vous leur avez fait ressentir."** En étant un témoignage vivant de la bonté de Dieu, nous créons un impact durable dans la vie des autres.

## 6. 5. Conclusion : Vers un Équilibre Durable

Construire une vie équilibrée entre travail, foi et finances est un défi que beaucoup d'entre nous affrontent. Cependant, en plaçant Dieu au centre de nos priorités, en intégrant notre foi dans chaque aspect de notre vie et en cultivant des relations solides avec notre famille, nous pouvons créer un mode de vie qui reflète les valeurs chrétiennes.

Cet équilibre n'est pas un état final à atteindre, mais un voyage continu, où la grâce de Dieu nous soutient à chaque étape. Comme l'a déclaré l'auteur et pasteur **Charles Stanley** : **"La clé pour réussir dans la vie est de garder l'équilibre."** En avançant dans notre quête d'équilibre, rappelons-nous que notre véritable richesse ne se mesure pas seulement en termes financiers, mais également en termes d'impact que nous avons sur la vie des autres et de la relation que nous entretenons avec notre Créateur.

En fin de compte, l'équilibre entre travail, foi et finances nous permet non seulement de vivre de manière épanouissante, mais aussi de devenir des instruments de la grâce et de l'amour de Dieu dans le monde. En intégrant ces principes dans notre vie quotidienne, nous pouvons construire une existence qui honore Dieu tout en enrichissant nos relations et en servant notre communauté.

# Chapitre 7 : Démystifier les Croyances Erronées sur l'Argent

Dans le discours public et dans certaines traditions chrétiennes, l'argent est souvent entouré de préjugés et de malentendus. Beaucoup de gens croient que la richesse est intrinsèquement mauvaise ou qu'elle constitue un obstacle à la vie spirituelle. Certaines personnes utilisent des exemples bibliques, comme l'histoire de Lazare et du riche, pour justifier leur pauvreté ou pour affirmer que ceux qui ont de l'argent sont voués à l'échec spirituel. Ce chapitre vise à explorer et à déconstruire ces idées reçues, tout en mettant en lumière une vision biblique équilibrée de l'argent et de la richesse.

## 7.1. La Richesse et la Foi : Une Relation Complexe

Une croyance répandue est que la richesse est un signe de péché ou de déviation de la foi. Cependant, la Bible ne condamne pas l'argent en soi, mais plutôt l'amour démesuré de l'argent. Dans 1 Timothée 6:10, il est écrit : **"Car l'amour de l'argent est la racine de tous les maux."** Ce verset ne dit pas que l'argent est mauvais, mais que l'attachement excessif à celui-ci peut nous éloigner de Dieu. La vraie question ne concerne pas la possession d'argent, mais plutôt notre attitude à son égard.

L'auteur chrétien **Randy Alcorn** a souligné que : **"L'argent est un outil, pas un maître."** Cela signifie que nous avons le pouvoir d'utiliser l'argent pour le bien, pour servir les autres et pour glorifier Dieu, plutôt que de devenir esclave de nos désirs matériels.

## 7.2. L'Exemple de Lazare et du Riche

L'histoire de Lazare et du riche (Luc 16:19-31) est souvent interprétée comme une mise en garde contre la richesse. Cependant, il est crucial de noter que la condamnation ici ne repose pas sur la richesse en elle-même, mais sur l'attitude du riche envers Lazare. Le riche ne montre aucune compassion envers le pauvre Lazare, qui souffre à sa porte. Le message central de cette parabole est que notre comportement et notre cœur déterminent notre position devant Dieu, et non notre statut financier.

Ce récit souligne l'importance de l'empathie et de la générosité. Comme l'a dit le célèbre théologien **John Stott** : **"La véritable mesure de notre foi n'est pas ce que nous possédons, mais ce que nous faisons avec ce que nous possédons."** En d'autres termes, l'accent est mis sur nos actions et notre capacité à faire preuve de bonté envers autrui, peu importe notre situation financière.

## 7.3. L'Obstacle de la Richesse : Une Interprétation Erronée

Un autre verset souvent cité pour soutenir l'idée que la richesse est un obstacle à la vie spirituelle est Matthieu 19:24, où Jésus dit : **"Il est plus facile à un chameau de passer par le trou d'une aiguille qu'à un riche d'entrer dans le royaume de Dieu."** Ce verset est souvent interprété comme une condamnation de la richesse. Toutefois, son message principal est une mise en garde contre l'attachement à l'argent et l'importance de la dépendance à Dieu. La richesse, lorsqu'elle est idolâtrée, peut effectivement rendre difficile l'entrée dans le royaume de Dieu.

L'écrivain chrétien **C.S. Lewis** a noté : **"L'argent est un bon serviteur mais un mauvais maître."** Cela souligne que tant que nous utilisons notre argent pour le bien et pour accomplir la volonté de Dieu, nous pouvons être de bons intendants. Ce n'est pas la richesse qui pose problème, mais notre relation avec elle.

## 7.4. Une Vision Équilibrée de la Richesse

Il est essentiel de développer une vision équilibrée de la richesse qui reconnaît à la fois les dangers associés à l'amour de l'argent et les possibilités qu'elle offre pour le service et la générosité. La Bible ne condamne pas les riches, mais elle appelle à une gestion responsable et à une attitude généreuse.

Le Psaume 112:5 nous enseigne : **"Il est bien pour l'homme qui fait preuve de générosité et qui prête, qui gère ses affaires avec justice."** Cela montre que la richesse peut être utilisée de manière positive. Les chrétiens sont appelés à être des modèles de générosité, à utiliser leurs ressources pour aider les autres et à investir dans des causes qui glorifient Dieu.

## 7.5. Justifier la Pauvreté par la Foi : Une Vision Erronée

Un autre point que nous devons aborder est l'idée que la pauvreté est une vertu ou une marque de spiritualité. Certains peuvent justifier leur situation financière difficile en disant que cela les rend plus proches de Dieu. Cependant, cette vision peut conduire à un manque de responsabilité personnelle et à une dépendance à l'égard des autres.

Dieu désire que nous soyons des intendants fidèles de tout ce qu'Il nous a confié, y compris nos finances. Comme l'a dit l'auteur et pasteur **Charles Stanley** : "**La pauvreté n'est pas un signe de piété.**" Au contraire, nous sommes appelés à rechercher la prospérité non seulement pour nous-mêmes, mais aussi pour enrichir notre communauté et servir le Royaume de Dieu.

## 7.6. Conclusion : Un Appel à la Responsabilité et à la Générativité

Dans cette quête de réconciliation entre notre foi et notre rapport à l'argent, il est crucial de rejeter les croyances erronées qui nous limitent et d'adopter une compréhension plus profonde et plus nuancée de la richesse. L'argent, lorsqu'il est utilisé correctement, peut être un puissant outil pour servir, bénir et promouvoir des changements positifs dans le monde.

Nous ne devons pas laisser des idées préconçues sur l'argent nous empêcher de vivre pleinement notre foi, de faire preuve de générosité et d'utiliser nos ressources pour le bien. En tant que chrétiens, nous avons la responsabilité d'être des exemples de bonne gestion financière et de générosité, témoignant ainsi de l'amour de Dieu à travers nos actions.

En embrassant une vision équilibrée de l'argent, nous pouvons nous libérer du poids de la culpabilité ou de la honte qui peut souvent accompagner le succès financier. Nous sommes appelés à honorer Dieu dans toutes nos affaires, y compris dans notre gestion des ressources matérielles, et à utiliser ces ressources pour servir les autres tout en avançant dans notre propre cheminement spirituel.

En fin de compte, notre relation avec l'argent doit être un reflet de notre relation avec Dieu — une relation basée sur la foi, la confiance et la volonté de servir les autres. Par cette compréhension, nous pouvons véritablement construire des vies riches en sens et en impact, tout en restant fidèles à notre appel chrétien.

# Chapitre 8 : La Gestion des Ressources Non-Financières

## 8.1. Reconnaître la Valeur des Ressources Non-Financières

Dans notre quête de réconciliation entre foi et fortune, il est essentiel de reconnaître que notre gestion chrétienne ne se limite pas à l'argent. En tant que croyants, nous possédons également des ressources précieuses comme le temps, nos talents et notre influence. Apprendre à gérer ces ressources peut transformer notre vie et celle des autres.

## Le Temps comme Ressource

Le temps est l'une des ressources les plus précieuses que nous possédons. Chaque jour, nous recevons un certain nombre d'heures, et il nous appartient de choisir comment les utiliser. Éphésiens 5:15-16 nous exhorte : **"Prenez donc garde à la manière dont vous vous conduisez, non comme des insensés, mais comme des sages, rachetant le temps, car les jours sont mauvais."** Ce verset illustre l'importance d'une gestion intentionnelle de notre temps.

## Comment gérer notre temps avec sagesse ?

1. **Établir des priorités** : Identifiez ce qui est vraiment important dans votre vie. Que ce soit servir votre famille, votre église ou votre communauté, définissez des priorités claires qui reflètent vos valeurs chrétiennes.

2. **Planifier votre emploi du temps** : Utilisez des outils comme des calendriers ou des applications de planification pour organiser votre journée. Assurez-vous d'inclure du temps pour la prière, la méditation et le service.

3. **Éviter la procrastination** : Rappelez-vous que chaque moment est un don. L'écrivain et conférencier **John C. Maxwell** a dit : **"Le temps est comme une rivière. Vous ne pouvez jamais toucher la même eau deux fois, car le flux qui est passé ne reviendra jamais."** Cela nous rappelle que chaque instant doit être valorisé.

En gérant notre temps avec sagesse, nous pouvons nous engager davantage dans notre foi et notre service aux autres.

## Les Talents et Compétences

Nos talents et compétences sont également des ressources précieuses qui doivent être mises au service de Dieu et des autres. Chaque personne a des dons uniques, que ce soit dans les arts, les sciences, la communication ou les relations humaines. Énoncé dans 1 Pierre 4:10 : **"Chacun de vous a reçu un don, mettez-le au service des autres, comme de bons intendants des diverses grâces de Dieu."**

## Comment utiliser vos talents pour la gloire de Dieu ?

1. **Identifiez vos dons** : Prenez le temps de réfléchir à vos compétences et à ce que vous aimez faire. Demandez des retours d'amis et de mentors pour mieux comprendre où vous excellez.

**2. Engagez-vous dans votre église ou votre communauté** : Que ce soit en offrant des cours, en soutenant des œuvres caritatives ou en aidant à des événements, trouvez des moyens de mettre vos talents au service de ceux qui en ont besoin.

3. **Développez vos compétences** : Investissez dans votre développement personnel en suivant des formations ou des cours qui vous permettront de mieux utiliser vos dons. L'auteur et coach **Tony Robbins** a déclaré : **"La seule chose qui vous empêche de réaliser votre rêve, c'est la peur de l'échec.**" Ne laissez pas la peur vous retenir.


## 8.2. Le Service Communautaire : Une Expression de notre Foi


Le service communautaire est une manifestation concrète de notre foi. En tant que chrétiens, nous sommes appelés à aimer notre prochain et à nous engager activement dans des œuvres qui reflètent cet amour.

### Engagement dans la Communauté


Offrir son temps et ses compétences dans des œuvres locales est une façon puissante de vivre notre foi. De nombreuses églises et groupes de foi mobilisent des ressources humaines pour aider ceux qui en ont besoin. Que ce soit par le biais de banques alimentaires, de programmes de tutorat ou de soins aux personnes âgées, chaque effort compte.


### Exemples de missions

- **Banques alimentaires** : De nombreuses églises organisent des collectes et des distributions de nourriture pour les familles dans le besoin. Participer à ces initiatives peut non seulement changer des vies, mais aussi construire des relations avec des personnes que vous servez.

- **Programmes de mentorat** : Beaucoup d'organisations offrent des opportunités de mentorat pour les jeunes. En partageant vos connaissances et votre expérience, vous pouvez avoir un impact durable sur la vie de quelqu'un.

- **Projets de nettoyage et d'embellissement** : Participer à des projets de nettoyage dans votre quartier ou à des efforts pour embellir des lieux publics peut également être une manière concrète de servir.


## 8.3. Témoignages de Transformation par le Service


Rien n'est plus inspirant que des récits de vies transformées par le service et l'engagement. Voici quelques histoires de personnes qui ont trouvé un sens à leur vie en servant autrui, utilisant leurs compétences et leur temps pour faire la différence.

- o **Marie, bénévole dans une banque alimentaire :** Marie a commencé à donner quelques heures par semaine à une banque alimentaire locale. Au fil du temps, elle a développé des relations avec les bénéficiaires et a découvert que son empathie et sa capacité à écouter étaient des dons puissants. Elle a vu des familles se transformer grâce à l'aide qu'elle a pu leur apporter, tout en enrichissant sa propre vie spirituelle.

- o **Jean, coach de vie pour les jeunes** : Jean a utilisé ses compétences en coaching pour aider des jeunes en difficulté à naviguer dans leurs défis personnels. En offrant son temps pour des séances de coaching bénévole, il a non seulement vu des jeunes acquérir de la confiance en eux, mais il a également trouvé une nouvelle passion dans sa propre vie.

- o **Lucie, organisatrice d'événements communautaires** : Après avoir découvert son talent pour l'organisation, Lucie a commencé à planifier des événements communautaires pour rassembler les familles et les voisins. Ses efforts ont créé un sentiment de communauté et d'appartenance, tout en lui permettant d'utiliser ses compétences en gestion de projet.

## Conclusion : La Valeur d'un Engagement Actif

En conclusion, la gestion des ressources non-financières est tout aussi cruciale que la gestion des finances. Reconnaître la valeur de notre temps, de nos talents et de notre engagement communautaire nous permet de vivre notre foi de manière authentique. En utilisant ces ressources pour servir les autres, nous ne glorifions pas seulement Dieu, mais nous enrichissons également notre propre vie spirituelle.

Rappelons-nous les paroles de l'apôtre Paul dans Galates 5:13 : "**Car vous avez été appelés à la liberté, frères. Seulement, ne faites pas de cette liberté un prétexte pour vivre selon la chair, mais par la charité, mettez-vous au service les uns des autres.**" En mettant notre foi en action, nous devenons des instruments de changement dans notre communauté, illustrant ainsi la profondeur de notre engagement envers Christ.

Cette exploration de la gestion des ressources non-financières nous appelle à agir, à donner et à servir, en réalisant que chaque effort compte dans le grand dessein de Dieu. Engageons-nous à être des intendants fidèles de tout ce que le Seigneur nous a confié, en utilisant notre temps, nos talents et notre influence pour faire briller Sa lumière dans ce monde.

# Chapitre 9 : La Dîme et la Génération de Richesse

## 9.1. La Signification de la Dîme dans la Vie du Croyant

La dîme est un concept profondément ancré dans la tradition chrétienne, représentant bien plus qu'un simple acte de don. Elle est une déclaration de foi, un acte de confiance en Dieu, et une manière de reconnaître Sa souveraineté sur nos vies et nos finances. Dans Malachie 3:10, nous découvrons un appel puissant : **"Mettez-moi à l'épreuve, dit l'Éternel des armées, et vous verrez si je n'ouvre pas pour vous les écluses des cieux et si je ne déverse pas sur vous la bénédiction en abondance."** Ce verset nous rappelle que la dîme n'est pas seulement un devoir, mais une invitation à faire l'expérience des promesses de Dieu.

## La Dîme comme Acte de Foi

Lorsque nous donnons notre dîme, nous exerçons notre foi de manière tangible. C'est un acte qui nous pousse à croire que Dieu pourvoira à nos besoins, même lorsque nous choisissons de donner une partie de ce que nous avons. Cela reflète la vérité de Philippiens 4:19 : **"Et mon Dieu pourvoira à tous vos besoins selon sa richesse, avec gloire, en Jésus-Christ."** En d'autres termes, donner n'est pas une perte, mais un investissement dans le Royaume de Dieu.

Un auteur chrétien influent, **Randy Alcorn**, a écrit : "**La générosité consiste à donner au-delà de ce qui est nécessaire, et c'est une expression de votre foi.**" En pratiquant la dîme, nous participons à un acte de générosité qui nous rapproche de Dieu et renforce notre confiance en Sa provision.

## Les Implications Spirituelles et Financières de la Dîme

Il est également essentiel d'explorer les implications spirituelles et financières de la dîme. Une compréhension biblique de la dîme souligne que ce n'est pas seulement une exigence, mais une occasion de recevoir la bénédiction divine. La promesse faite dans Malachie 3:10 montre que Dieu désire ouvrir les écluses des cieux pour nous. Cela peut se manifester de différentes manières, que ce soit par des bénédictions matérielles, des opportunités de croissance ou même une paix intérieure.

En tant que chrétiens, nous devons nous rappeler que notre richesse ne se mesure pas uniquement à ce que nous possédons, mais aussi à la manière dont nous utilisons nos ressources pour glorifier Dieu. Comme l'a dit le théologien **John Piper** : "**Le moyen de rendre votre vie significative est d'investir dans le Royaume de Dieu.**" Lorsque nous donnons, nous prenons part à l'œuvre de Dieu sur terre, et c'est là que nous trouvons une véritable richesse.

## 9.2. La Dîme en Action : Comment l'Utiliser pour Créer de la Richesse

### Investir dans le Royaume de Dieu

Il est crucial de comprendre comment utiliser notre dîme pour créer de la richesse non seulement pour nous-mêmes, mais aussi pour le Royaume de Dieu. En soutenant des projets qui avancent la mission de l'Église, nous participons activement à l'œuvre de l'extension du Royaume. Cela peut inclure le financement de programmes d'évangélisation, le soutien à des œuvres caritatives ou l'engagement dans des initiatives de discipleship.

Par exemple, de nombreuses églises utilisent une partie des dîmes pour nourrir les affamés, aider les sans-abris et soutenir les missionnaires. En investissant dans ces actions, nous semons des graines qui porteront des fruits non seulement dans cette vie, mais aussi pour l'éternité. Comme le dit 2 Corinthiens 9:6-7 : **"Sachez-le, celui qui sème peu moissonnera peu ; et celui qui sème abondamment moissonnera abondamment. Que chacun donne comme il a décidé dans son cœur, sans tristesse ni contrainte, car Dieu aime celui qui donne avec joie."**

### Équilibrer Dîme et Épargne

Bien qu'il soit essentiel de donner notre dîme, il est également important de gérer nos finances de manière responsable. Cela signifie équilibrer notre dîme avec nos économies et nos dépenses. Voici quelques conseils pratiques pour y parvenir :

1. **Établissez un budget** : Créez un budget qui inclut la dîme, les économies et les dépenses. Cela vous aidera à voir où va votre argent et à vous assurer que vous honorez vos engagements financiers.

2. **Priorisez vos dons** : Considérez la dîme comme une priorité dans votre budget, tout comme le loyer ou les factures. Cela vous aidera à donner de manière régulière et disciplinée.

3. **Épargnez avec un but** : En plus de la dîme, établissez un plan d'épargne pour des projets futurs, comme un voyage missionnaire, des études, ou même un fonds d'urgence. En investissant dans votre avenir tout en honorant Dieu, vous créez une base solide pour votre vie financière.

Le conseiller financier chrétien Dave Ramsey souligne que "**la dîme ne devrait pas être considérée comme une dépense, mais comme un investissement**." En intégrant la dîme dans notre planification financière, nous cultivons une mentalité de prospérité qui va au-delà de la simple accumulation de richesses.

## 9.3. Témoignages de Transformation par la Dîme

Rien n'est plus convaincant que des histoires vécues qui illustrent le pouvoir de la dîme. Voici quelques témoignages de personnes qui ont connu des transformations significatives dans leur vie financière grâce à leur engagement à donner une dîme.

# Histoires de Vies Changées

- o **Sophie, une mère célibataire** : Sophie a commencé à donner sa dîme alors qu'elle traversait une période financière difficile. Elle a prié pour que Dieu pourvoie à ses besoins. Au fil du temps, elle a vu des opportunités se présenter : une promotion au travail et des soutiens inattendus de sa communauté. Elle témoigne : **"Je n'aurais jamais cru que donner ma dîme pourrait me rapprocher de Dieu et m'apporter des bénédictions. Cela a changé ma vie."**

- o **Marc et Anne, un couple dans la trentaine** : Ce couple a décidé de donner 10% de leurs revenus dès le début de leur carrière. Malgré quelques défis financiers, ils ont toujours honoré leur dîme. Ils ont constaté que lorsque la vie devenait difficile, Dieu fournissait souvent une solution inattendue. Marc dit : **"Chaque fois que nous avons eu des difficultés, nous avons découvert que le fait de donner était un moyen de voir Dieu agir dans nos vies."**

- o **Marcellin, un entrepreneur** : En tant qu'entrepreneur, Julien a eu des doutes sur le fait de donner une dîme alors qu'il cherchait à développer son entreprise. Cependant, il a choisi de faire confiance à Dieu et a commencé à donner, même pendant les mois difficiles. À sa grande surprise, son entreprise a prospéré de manière inattendue. **"C'est incroyable de voir comment Dieu a ouvert des portes pour moi juste parce que j'ai décidé de lui faire confiance avec ma dîme,"** partage-t-il avec enthousiasme.

## Conclusion : La Dîme Comme Un Chemin Vers la Richesse Spirituelle

En conclusion, la dîme est bien plus qu'un simple acte financier. C'est un acte de foi, de confiance et d'engagement envers Dieu et Sa mission. Comme l'a dit l'écrivain et pasteur Charles Stanley : **"La générosité est la meilleure stratégie que nous puissions adopter."**

En choisissant de donner, nous ouvrons la porte à des bénédictions qui vont au-delà des biens matériels. Nous participons à l'œuvre de Dieu sur terre, et nous trouvons une richesse spirituelle qui transcende nos circonstances financières. Engageons-nous, en tant que croyants, à pratiquer la dîme avec joie et avec une foi renouvelée, sachant que par notre générosité, nous pouvons apporter un impact durable dans le monde.

La dîme, lorsqu'elle est pratiquée avec cœur et intention, devient un puissant vecteur de transformation personnelle et communautaire. Alors, osons mettre à l'épreuve la promesse de Dieu et voyons comment Il déverse les bénédictions sur nos vies.

# Chapitre 10 : L'Impact Social de la Génération de Richesse

## 10.1. La Richesse comme Outil de Transformation Sociale

La richesse, lorsqu'elle est utilisée avec sagesse et discernement, peut devenir un puissant levier de transformation sociale. En tant que chrétiens, nous avons la responsabilité d'utiliser nos ressources pour provoquer des changements positifs dans notre société. Cela ne relève pas seulement d'un devoir moral, mais également d'un appel divin à aimer notre prochain et à faire preuve de compassion envers ceux qui sont dans le besoin.

## L'Appel à la Responsabilité Sociale

Le verset clé de Proverbes 31:8-9 nous rappelle : **"Ouvre ta bouche pour le muet, pour la cause de tous les malheureux."** Ce passage met en lumière notre responsabilité en tant que croyants d'agir en faveur de ceux qui ne peuvent pas se défendre eux-mêmes. La richesse n'est pas une fin en soi, mais un moyen de servir les autres et de contribuer à la construction d'une société plus juste.

Les problèmes sociaux tels que la pauvreté, l'éducation inadéquate et l'accès limité aux soins de santé sont des défis cruciaux qui nécessitent notre attention. Lorsque nous choisissons d'utiliser notre richesse pour aborder ces problématiques, nous faisons preuve d'amour et de solidarité envers notre communauté.

L'écrivain chrétien **Tony Campolo** a déclaré : "**Nous ne pouvons pas ignorer les souffrances des autres et prétendre que nous sommes des disciples de Jésus.**" Cette citation résonne profondément alors que nous considérons l'importance de notre engagement envers la justice sociale. En investissant nos ressources dans des initiatives qui soutiennent les plus vulnérables, nous faisons une déclaration sur la valeur que nous accordons à la vie humaine.

**Comment Utiliser Nos Ressources**

Alors, comment les chrétiens peuvent-ils concrétiser cet appel à la responsabilité sociale ? Voici quelques pistes :

1. **Soutenir des œuvres caritatives** : Qu'il s'agisse de donner de l'argent ou de faire du bénévolat, il existe de nombreuses organisations qui œuvrent pour aider les personnes dans le besoin. En soutenant ces initiatives, nous participons activement à la transformation de notre société.

2. **Promouvoir l'éducation** : Investir dans l'éducation, que ce soit par des bourses d'études ou des programmes de tutorat, est une façon d'outiller les prochaines générations pour qu'elles puissent briser le cycle de la pauvreté.

3. **Soutenir des initiatives de santé publique** : Que ce soit par la participation à des campagnes de sensibilisation ou le financement de cliniques de santé, notre richesse peut contribuer à améliorer la santé des communautés défavorisées.

En embrassant cette responsabilité sociale, nous incarnons les valeurs chrétiennes et faisons une différence tangible dans le monde qui nous entoure.


## 10.2. Les Initiatives de RSE dans les Entreprises de Croyants

**Responsabilité Sociétale des Entreprises (RSE)**

La Responsabilité Sociétale des Entreprises (RSE) concerne l'intégration de préoccupations sociales, environnementales et éthiques dans les pratiques commerciales. Les entrepreneurs chrétiens ont une occasion unique d'incarner leur foi au sein de leur modèle d'affaires, en créant des entreprises qui non seulement génèrent des profits, mais qui contribuent également au bien-être de la société.

**Intégrer la Foi dans le Modèle d'Affaires**

Les entreprises peuvent intégrer la RSE de plusieurs manières :

1. **Éthique des affaires** : Adopter des pratiques commerciales transparentes et éthiques qui respectent les droits des employés et des clients.

2. **Écologie** : Mettre en œuvre des pratiques durables qui minimisent l'impact environnemental de l'entreprise. Cela peut inclure tout, de l'utilisation de matériaux recyclés à l'engagement envers des politiques d'énergie renouvelable.

3. **Engagement communautaire** : Les entreprises peuvent s'associer à des organisations locales pour soutenir des causes sociales ou environnementales. Cela peut inclure des programmes de bénévolat pour les employés, des dons à des œuvres caritatives ou des initiatives de mentorat pour les jeunes.

## Exemples de Projets

Des études de cas montrent que de nombreuses entreprises chrétiennes réussissent à allier profit et impact social avec succès. Par exemple :

- **TOMS Shoes** : Pour chaque paire de chaussures vendue, TOMS en donne une paire aux enfants dans le besoin. Ce modèle de **"One for One"** illustre comment une entreprise peut avoir un impact social positif tout en étant financièrement prospère.

- **Patagonia** : Cette entreprise de vêtements de plein air a été pionnière dans l'intégration de pratiques durables, comme l'utilisation de matériaux recyclés et une politique de don de 1% de ses ventes à des organisations environnementales.

Ces exemples montrent qu'il est possible de réaliser des profits tout en restant fidèle aux valeurs chrétiennes et en ayant un impact positif sur la société.

## 10.3. Témoignages de Chrétiens Investis dans les Changements Sociaux

Les histoires de chrétiens qui ont utilisé leur richesse pour amorcer des changements significatifs dans leur communauté sont inspirantes et témoignent du pouvoir de la foi lorsqu'elle est mise en action.

## Récits Inspirants

- **David, un entrepreneur engagé** : David a démarré une entreprise de construction et a décidé dès le début de consacrer une partie de ses bénéfices à des projets locaux. Il a financé la construction d'une école pour les enfants défavorisés dans sa ville, permettant à des centaines d'enfants d'accéder à une éducation de qualité. David dit : **"Je crois que chaque dollar que je gagne peut-être utiliser pour glorifier Dieu et aider les autres."**

- **Sarah, philanthrope et éducatrice** : En tant qu'enseignante, Sarah a toujours été passionnée par l'éducation. Lorsque sa startup a connu le succès, elle a décidé de créer une fondation visant à financer des bourses pour des étudiants issus de milieux défavorisés. **"L'éducation est la clé pour briser le cycle de la pauvreté,"** partage-t-elle. Grâce à ses efforts, des dizaines de jeunes ont eu l'occasion de poursuivre leurs études et de réaliser leurs rêves.

- **Église locale engagée** : Une église de la communauté a lancé un programme d'entraide financière pour aider les familles à surmonter des difficultés économiques. Grâce à des fonds collectés par la dîme et des dons, l'église a pu fournir des ressources pour l'éducation, la santé et le logement. Le pasteur de l'église déclare : **"Nous croyons que notre richesse est un don de Dieu, et nous avons la responsabilité de l'utiliser pour aider les autres."**

## Conclusion : Foi et Fortune en Harmonie

En conclusion, la génération de richesse peut avoir un impact social positif lorsque nous choisissons d'utiliser nos ressources avec sagesse et compassion. En répondant à l'appel à la responsabilité sociale et en intégrant des pratiques de RSE dans nos entreprises, nous avons l'opportunité de transformer notre société et d'incarner les valeurs chrétiennes.

Comme l'a déclaré l'auteur et théologien Tim Keller : **"La mission de l'Église est de transformer le monde, et cela commence par le cœur des individus."** En tant que chrétiens, nous sommes appelés à être des agents de changement dans notre communauté, à utiliser notre richesse et nos ressources pour faire avancer le Royaume de Dieu sur terre.

En agissant avec foi et intégrité, nous démontrons que foi et fortune ne sont pas en opposition, mais peuvent coexister harmonieusement pour le bien de notre société. Investissons dans la transformation sociale et soyons des témoins de l'amour de Dieu dans un monde qui en a désespérément besoin.

# Conclusion : Un Voyage Vers l'Équilibre entre Foi et Finances

Nous voilà arrivés à la fin de notre exploration des relations entre foi et argent. Au cours de ce voyage enrichissant, nous avons découvert que la perspective biblique sur l'argent est à la fois riche et complexe. Loin d'être un simple instrument de pouvoir, l'argent peut devenir un outil de service et de bénédiction lorsqu'il est géré avec sagesse et intégrité. En adoptant les principes de la gestion financière chrétienne, nous avons vu comment la dîme, l'épargne et la générosité sont des éléments essentiels pour bâtir une vie financière équilibrée et en accord avec nos valeurs.

## 1. La Providence Divine et la Gestion des Richesses

Les Écritures nous rappellent l'importance de cette approche. Dans Deutéronome 8:18, il est dit : "**Mais souviens-toi de l'Éternel, ton Dieu, car c'est lui qui te donne la force de faire des richesses.**" Ce verset met en lumière le fait que toute prospérité vient de Dieu. En reconnaissant Sa providence, nous pouvons éviter les pièges de l'avidité et du matérialisme, nous concentrant plutôt sur l'utilisation de nos ressources pour servir les autres et glorifier Dieu.

L'auteur et pasteur John Piper a souligné : "**La façon dont nous utilisons notre argent révèle nos valeurs les plus profondes.**" En intégrant cette vérité dans notre quotidien, nous pouvons nous engager à gérer nos finances de manière qui honore Dieu et exprime notre foi. En plaçant notre confiance en Dieu, nous trouvons la liberté de donner généreusement et de vivre avec joie, sachant que nous sommes entourés de Sa grâce.

## 2. Témoignages de Foi et d'Intégrité Financière

Les témoignages et études de cas que nous avons partagés illustrent parfaitement qu'il n'y a aucune incompatibilité entre la foi et la fortune. Au contraire, ces récits inspirants nous rappellent que la vraie richesse se trouve dans notre capacité à aimer, à servir, et à faire le bien autour de nous. Chaque histoire démontre que, même face à des défis financiers, la foi peut servir de guide, éclairant notre chemin vers une prospérité qui glorifie Dieu.

Comme le dit l'écrivain et conférencier Andy Stanley : "**Nous avons plus de pouvoir sur notre argent que nous ne le pensons.**" Cela signifie que notre approche de l'argent peut être un reflet de notre foi et de notre engagement envers les valeurs chrétiennes. En cultivant une mentalité d'abondance et en étant proactifs dans notre gestion des ressources, nous pouvons transformer notre situation financière et celle des autres.

## 3. La Générosité : Un Investissement dans le Royaume de Dieu

Proverbes 3:9-10 nous invite à honorer Dieu avec nos biens : "**Honore l'Éternel avec tes biens et avec les prémices de tous tes revenus ; alors tes greniers seront remplis d'abondance, et tes cuves débordantes de vin nouveau.**" Ce verset souligne que lorsque nous plaçons Dieu au centre de nos décisions financières, nous ouvrons la voie à des bénédictions abondantes. La générosité et la dîme ne doivent pas être perçues comme des sacrifices, mais comme des investissements dans le Royaume de Dieu, offrant ainsi des récompenses éternelles.

Le théologien **N.T. Wright** a dit : "**La vraie richesse ne se mesure pas en termes d'argent, mais dans la qualité des relations et dans les contributions à la communauté.**" En choisissant d'investir notre temps et nos ressources dans des actions qui apportent un impact positif, nous cultivons une vie de sens et de valeur, tout en servant notre prochain.

## 4. Un Appel à l'Action : Appliquer les Enseignements

Alors que vous fermez ce livre, je vous encourage à réfléchir à ces enseignements et à les appliquer dans votre propre vie. L'argent peut être un sujet délicat, mais en vous engageant à le gérer selon les principes bibliques, vous pouvez transformer cette ressource en un véritable instrument de changement. Souvenez-vous de Philippiens 4:19, qui nous assure : "**Et mon Dieu pourvoira à tous vos besoins selon sa richesse, avec gloire, en Jésus-Christ.**" Cette promesse nous rappelle que, lorsque nous plaçons notre confiance en Dieu et que nous agissons en accord avec Sa volonté, Il pourvoira à nos besoins, tant matériels que spirituels.

Engagez-vous à approfondir vos connaissances sur la gestion financière chrétienne et à rechercher des contenus similaires pour enrichir votre compréhension. La prospérité ne se limite pas à l'accumulation de richesses matérielles, mais englobe également la paix, la joie et la satisfaction d'une vie vécue en conformité avec les principes divins.

# 5. Un Voyage Continu : Vers une Vie d'Équilibre et de Service

Votre voyage vers une réconciliation entre foi et fortune ne fait que commencer. Soyez inspiré et motivé à vivre selon les vérités que vous avez découvertes ici, et rappelez-vous que chaque pas que vous faites dans cette direction est un pas vers une vie de sens et d'accomplissement. Engagez-vous à être un bon intendant des ressources que Dieu vous a confiées et à utiliser votre argent pour faire le bien dans votre communauté. En faisant cela, vous devenez non seulement un témoin de la bonté de Dieu, mais aussi un instrument de Sa grâce dans le monde.

L'écrivain chrétien **Henri Nouwen** a souligné avec justesse : "**La véritable spiritualité ne consiste pas à fuir le monde mais à le transformer.**" En intégrant notre foi dans nos décisions financières, nous avons l'opportunité non seulement de transformer notre propre vie, mais aussi d'influencer positivement ceux qui nous entourent.

En conclusion, la relation entre foi et finances est une voie d'opportunité et de responsabilité. En mettant en pratique les principes bibliques que nous avons explorés, nous pouvons mener une vie qui rend honneur à Dieu et qui contribue au bien-être de notre communauté. Que votre voyage soit guidé par la sagesse, la générosité et la foi, alors que vous continuez à bâtir une vie qui glorifie Dieu dans tous ses aspects.

# Appendices : Ressources et Outils

Dans notre quête pour réconcilier foi et finances, il est essentiel d'avoir accès aux bonnes ressources et outils qui nous aideront à mettre en pratique les principes bibliques. Que vous soyez un chrétien pratiquant souhaitant approfondir votre compréhension de la gestion financière ou une personne en quête de sens désireuse d'intégrer votre foi dans vos décisions financières, cet appendice vous fournira une liste de ressources utiles, de livres recommandés, d'outils de gestion financière, et un guide pratique pour continuer votre apprentissage.

## 1. Livres Recommandés

Voici quelques ouvrages qui offrent des perspectives profondes et des conseils pratiques sur la gestion financière chrétienne :

- o **"La Bible et l'argent** : Ce que la Bible dit sur la gestion de l'argent" par **John C. Maxwell**
- Dans ce livre, Maxwell applique des principes bibliques fondamentaux à la gestion financière, offrant des conseils pratiques pour une vie financière saine, tout en soulignant la place de la générosité dans l'économie du ciel.

- o **"L'argent et la Foi : Une approche chrétienne de la prospérité"** par Larry Burkett
- Ce classique explore la relation entre la foi et la prospérité, proposant des stratégies concrètes pour gérer ses finances selon la perspective chrétienne, tout en soulignant l'importance de vivre selon des principes scripturaires.

- o **"Riches et Pauvreté"** par Philip Yancey
- Yancey interroge notre compréhension chrétienne du succès financier en scrutant les dimensions spirituelles de la richesse et de la pauvreté, nous poussant à réfléchir sur notre attitude face à l'argent dans le contexte du Royaume de Dieu.
- o **"Your Money Counts"** par Howard Dayton
- Un manuel pratique qui aborde la gestion financière d'un point de vue biblique, proposant des conseils sur le budget, l'épargne et l'investissement, et encourageant les lecteurs à mettre en pratique ce qu'ils apprennent.

## 2. Outils de Gestion Financière

Des outils pratiques peuvent vous aider à mieux gérer vos ressources. Voici quelques applications et plateformes recommandées :

**- Mint**

Une application gratuite qui vous aide à suivre vos dépenses, à établir un budget et à atteindre vos objectifs d'épargne. Sa convivialité permet de visualiser rapidement la santé financière.

**- YNAB (You Need A Budget)**

YNAB est une application de budgétisation qui enseigne une méthode proactive pour gérer votre argent. Elle vous aide à prendre le contrôle de vos finances et à prévoir vos dépenses à l'avance.

**- EveryDolla**r

Un outil de budgétisation basé sur le principe de zéro basé, qui vous permet de planifier vos dépenses mensuelles, tout en suivant facilement votre budget.

**- GoodBudget**

Une application qui utilise le système des enveloppes pour gérer votre budget, vous permettant de suivre vos dépenses et d'épargner efficacement.

## 3. Sites et Ressources en Ligne

De nombreux sites Internet proposent des articles, des cours et des vidéos éducatives sur la gestion financière chrétienne. Voici quelques ressources en ligne à explorer :

**- Crown Financial Ministries**

Cet organisme offre des ressources éducatives, des séminaires et des outils sur la gestion financière d'un point de vue chrétien, encourageant les croyants à être de bons intendants de leurs ressources.

**- Dave Ramsey**

Dave Ramsey, expert en finances personnelles, propose des conseils financiers pratiques et des ressources pour gérer les dettes, établir un budget et investir éthiquement. Son programme **"Financial Peace University"** est particulièrement populaire et a aidé des milliers de personnes à retrouver la paix financière.

**- Christian Personal Finance**

Ce site offre des conseils pratiques pour gérer l'argent, des blogs informatifs, des calculatrices financières et des ressources supplémentaires pour les chrétiens cherchant à améliorer leur santé financière.

**- The Gospel Coalition**

Une plateforme qui propose des articles sur la finance, la générosité, et comment vivre une vie financièrement responsable tout en honorant Dieu, avec des contributions de divers auteurs et experts.

## 4. Guide Pratique pour Continuer l'Apprentissage

Pour approfondir vos connaissances et intégrer les enseignements de la Bible sur l'argent dans votre vie quotidienne, voici quelques étapes pratiques :

- o **Établissez un budget** : Utilisez les outils de gestion financière mentionnés pour créer un budget qui reflète vos valeurs et vous aide à atteindre vos objectifs financiers. L'établissement d'un budget est un acte de discipline qui vous aidera à rester sur la bonne voie.

- o **Pratiquez la dîme et la générosité** : Engagez-vous à donner un pourcentage de vos revenus à des œuvres caritatives ou à votre église. Cela vous aidera à développer une mentalité de générosité. Comme l'a dit le théologien **John Stott** : **"La véritable mesure de notre foi n'est pas ce que nous possédons, mais ce que nous faisons avec ce que nous possédons."**

- o **Éduquez-vous continuellement** : Lisez des livres, assistez à des conférences ou suivez des cours en ligne sur la gestion financière chrétienne. Plus vous en saurez, mieux vous serez préparé à prendre des décisions éclairées. Investir dans votre éducation financière est un investissement dans votre avenir.

- o **Participez à des groupes de soutien** : Rejoignez un groupe d'étude biblique ou un groupe de soutien financier dans votre église pour obtenir encouragement et conseils pratiques. Le soutien communautaire peut être une précieuse source d'encouragement.

- o **Priez pour la sagesse** : N'oubliez jamais de chercher la direction de Dieu dans toutes vos décisions financières. La prière est un outil puissant qui vous aidera à rester aligné avec Sa volonté. Comme il est écrit dans Jacques 1:5 : **"Si quelqu'un d'entre vous manque de sagesse, qu'il la demande à Dieu, qui donne à tous libéralement et sans reproche, et elle lui sera donnée."**

## Conclusion des Appendices

En utilisant ces ressources et en appliquant les principes que vous avez découverts dans ce livre, vous pouvez avancer sur le chemin d'une gestion financière éclairée par la foi. La réconciliation entre foi et fortune est non seulement possible, mais elle peut aussi mener à une vie pleine de sens, de joie et d'accomplissement. Embarquez dans cette aventure avec détermination, et n'oubliez pas que chaque étape que vous franchissez vous rapproche un peu plus de la vie que Dieu a prévu pour vous.

Soyez encouragé à prendre des mesures concrètes pour intégrer ces enseignements dans votre vie quotidienne, et rappelez-vous que l'objectif ultime est de glorifier Dieu à travers la manière dont vous gérez vos ressources. En vous engageant à vivre selon ces principes, vous pouvez être un témoin puissant de l'amour et de la générosité de Dieu dans un monde qui en a désespérément besoin.

Déogratias Ntambi Kalulo

# I want morebooks!

Buy your books fast and straightforward online - at one of world's fastest growing online book stores! Environmentally sound due to Print-on-Demand technologies.

Buy your books online at
**www.morebooks.shop**

Achetez vos livres en ligne, vite et bien, sur l'une des librairies en ligne les plus performantes au monde!
En protégeant nos ressources et notre environnement grâce à l'impression à la demande.

La librairie en ligne pour acheter plus vite
**www.morebooks.shop**

Printed by Books on Demand GmbH, Norderstedt / Germany